예수

Jesus

배현석 이상은 글 · 그림

홍성사.

예수
Jesus

배현석 이상은 글 · 그림

홍성사

차례

예수님의 탄생

The Birth of Jesus

예수님이 세상에 태어나시기 육백 년쯤 전, 하나님의 말씀을 전하는 사람 이사야는 세상 사람들에게 외쳤어요.

"보시오! 처녀가 임신해 아들을 낳게 될 거요. 그 이름은 '임마누엘'이라 부를 것이오!"(사 7:14).

—

Jesus was born exactly the way God's messenger Isaiah prophesied about Jesus 600 years before Jesus was born.

"Behold, a virgin shall conceive, and bear a son, and shall call his name Immanuel." (Isaiah 7:14)

'임마누엘'이란 하나님이 우리와 함께하신다는 뜻이에요. 가장 초라한 곳에 가장 연약한 아기로 이 세상에 오셔서 우리와 함께하신 하나님, 바로 예수님을 가리키는 이름이지요. 우리를 구원해 주실 '메시아' 예수님이 오실 것과 그분이 하실 일들을 이야기한 사람은 이사야뿐만이 아니에요. 유대인이 보는 성경에도 백 번 가까이 쓰여 있지요. 예수님은 그 일을 모두 이루셨답니다.
성경의 약속처럼 예수님은 사람들과 함께 이 땅에서 임마누엘로 살아가셨어요. 예수님이 사람의 모습으로 이 세상에 오신 이유와 우리에게 가르치신 말씀이 궁금하지요? 우리 함께 그분이 걸어오신 길을 살펴볼까요.

—

Immanuel means that God is with us. This name perfectly describes the God who came to earth to be among His people in the lowest position as a weak baby. Apart from the words of the Prophet Isaiah, Jewish Scriptures prophesied nearly 100 times about the Savior-Messiah's coming and His work. Jesus fulfilled all of the prophecies.
Jesus lived among people as Immanuel here on earth. We will study Jesus' walk to find out about His life's meaning and His teachings for us.

세례를 받으신 예수님

The Baptism of Jesus

예수님이 삼십 세가 되었을 때였어요. 요한이라는 사람이 광야에서 사람들을 향해 외쳤지요.
"하나님께 잘못을 고백하고 용서를 구하시오!"
그리고 그는 예루살렘 사람들에게 세례를 주었지요. 예수님께서도 요한에게 세례를 받고 하나님의 일을 시작하셨어요. 이것 또한 이사야가 외쳤던 하나님의 약속이 그대로 이루어진 거예요.

"너희는 여호와를 위하여 광야에 길을 준비하라!"(이사야 40:3).

—

When Jesus turned thirty-years-old, a man named John came from the desert and baptized people in Jerusalem while shouting that they need to ask God for forgiveness for their sins. Jesus was baptized by John the Baptist and started God's work. This also showed that Isaiah's prophecy was fulfilled.

"Make straight in the desert a highway for our God" (Isaiah 40:3)

그때였어요! 예수님이 세례를 받는 순간, 하늘이 갈라지고 성령님이 비둘기처럼 내려오신 거예요. 그리고 하늘에서 이런 소리가 들려 왔지요. “너는 내가 사랑하는 아들이다. 내가 너를 크게 기뻐한다.”

—

The moment Jesus was baptized, the sky parted and the Holy Spirit descended like a dove. A voice out of the heavens said, “This is my beloved son, in whom I am well-pleased.”

사람 낚는 어부

A Fisher of Men

예수님은 갈릴리라는 작은 바닷가 마을로 가셨어요. 그곳에서 밤새도록 고기 한 마리 잡지 못해 그물을 씻고 있는 시몬을 보셨지요. 예수님은 시몬의 배를 빌려 그 위에서 사람들을 가르치셨어요. 말씀을 마치신 후, 예수님이 시몬에게 말하셨어요. "깊은 곳에 그물을 던져 고기를 잡거라." 그러자 시몬은 "선생님, 밤새 그물을 던져 봤지만 단 한 마리도 잡을 수 없었어요!" 하며 퉁명스레 대답했어요. 예수님은 불평하는 시몬을 엄하면서도 부드러운 눈길로 바라보셨어요. 그러자 시몬이 말했습니다. "그렇지만 선생님 말씀에 의지하여 그물을 내리겠습니다."

—

Jesus went to a small fishing village called Galilee. He saw Simon who was cleaning his fishnet without catching any fish the night before and borrowed his boat. He taught crowds from the boat. After he finished teaching, Jesus told Simon, "Simon, put out into deep water and let down your nets for a catch."

"Teacher, we worked hard all night but there were no fish!" Although Simon replied bluntly at first, he continued to answer as he saw Jesus' firm but peaceful look in His eyes. "But because you say so, I will let down the nets."

그런데 이게 웬일일까요! 예수님의 말씀 따라 깊은 곳에 그물을 던지자 물고기들이 그물에 와글와글 달려들어 그물이 찢어질 지경이었어요. 시몬의 친구인 야고보와 요한까지 와서 그물 드는 일을 도와주어야 했지요. 깜짝 놀란 시몬은 두려움에 바들바들 떨며 납작 엎드렸어요.

"주님, 저는 죄인입니다. 저를 떠나세요."

"시몬아, 두려워 마라. 이제부터 너는 물고기가 아닌 사람을 낚는 일을 하게 될 거란다."

이때 시몬은 베드로라는 새 이름을 갖게 되었어요. 그리하여 베드로, 요한, 야고보는 그들의 배와 잡은 물고기들까지 다 버리고 예수님을 따르기 시작했답니다.

—

When Simon followed Jesus' words, they caught such a large number of fish that their nets began to break. Simon's partners, James and John, had to come to help him. Simon was so surprised that he fell at Jesus' feet in fear.

"Go away from me, Lord. I am a sinful man."

"Simon, don't be afraid. From now on you will fish for people."

So John, James and Simon, who is later named Peter, left their boat and the fish they caught and followed Jesus.

죄인들을 구원하러 오신 예수님

Jesus Came To Save The Sinners

"나를 따르라!"
예수님이 레위를 부르셨어요. 그는 부자지만 사람들에게 손가락질 당하며 부끄럽게 사는 사람이었지요. 왜냐하면 가난한 이스라엘 사람들에게 세금을 받아 로마인들에게 바쳤기 때문이에요. 레위는 자신을 부르는 예수님의 목소리에 모든 것을 버리고 따라나섰어요. 종교 지도자들은 제자들이 들으라는 듯 예수님에 대해 불평했습니다.
"너희 선생은 왜 저런 죄인들과 함께 어울리지?"
이 물음에 예수님은 이렇게 답하셨어요.
"건강한 사람에게는 의사가 필요 없지만 아픈 사람에게는 필요하다."
이 말이 무슨 뜻일까요? 자신이 아픈 줄 모르면 의사에게 갈 수도 없고 병을 고칠 수도 없는 것처럼, 스스로를 옳고 잘났다고 생각하는 사람은 예수님을 만날 수도, 용서 받을 수도 없다는 말이지요.

죄란 무엇일까요? 의인과 죄인은 각각 어떤 사람을 가리키나요? 서로의 생각을 나눠 보아요.

—

"Follow me."
Jesus called Levi who was sitting at the tax collector's booth. Levi was rich but he lived a shameful life where people pointed their fingers at him because he worked for Rome. Rome had been taking control of other countries and making people work for Rome and stealing people's money. When Jesus called, Levi left everything and followed Him. Pharisees criticized Jesus in front of Jesus' disciples.
"Why does your teacher spend time with sinners?"
When Jesus heard this question, He answered, "It is not the healthy who need a doctor, but the sick."
If a person doesn't know that he is sick, he cannot go to a doctor or cure his disease. In the same way, someone who believes that he is righteous cannot repent or receive forgiveness. Do I admit that I am a sinner?
What is sin? What is the difference between a righteous man and a sinner?

큰 믿음의 백부장

The Centurion

유대인들에게 친절을 베풀던 어느 로마 군인이 있었어요. 어느 날 예수님께서 가버나움으로 들어가실 때였어요. 그때 그 군인이 자신의 친구들을 보내 예수님께 도움을 청했지요.
"제가 아끼는 종이 병에 걸려 죽어 가고 있습니다. 제발 그를 살려 주세요!" 예수님께서 그 부탁을 들어주러 가시려는데, 그 군인이 또 친구들을 통해 이런 말을 전했어요. "귀하신 주님, 저는 너무 부족한 사람이라 예수님을 집에 모실 수가 없습니다. 그냥 말씀만 하셔도 제 종이 나을 거라고 믿습니다."
예수님은 몹시 놀라셨어요. "이스라엘 사람 중에서도 이런 믿음을 가진 사람은 처음 보았다!" 말을 전했던 친구들은 서둘러 군인의 집에 돌아가 보았어요. 그 군인의 믿음대로 정말 종은 이미 깨끗이 나아 있었습니다.

우리를 향한 예수님의 사랑과 능력, 우리는 얼마나 믿고 있나요?

—

There was a Roman military officer who was very kind to the Jews. When Jesus was entering Capernaum, the military officer sent his friends to ask for a favor.
"I have a servant that I value highly but he is very sick and is about to die. Please save his life." When Jesus was on His way to answer the Roman military officer's request, he sent his friends again to tell Jesus, "Holy Lord, I do not deserve to have you come under my roof because of my humble status. Just say the word and I believe that my servant will be healed."
Jesus was surprised to hear these words. "I have not found such great faith even in Israel!" When the messenger friends went to the Roman military officer's house, they found that the servant had been healed.

Do we truly believe in Jesus' abilities and His love for us?

피가 멈추지 않는 병에 걸린 여인

The Woman With the Issue of Blood

몸에서 계속 피가 나는 병을 12년 동안이나 앓고 있는 여인이 있었어요. 그 병 때문에 여인은 친구들과 가족들과도 함께 있을 수 없었죠. 그동안 여인은 병을 고치려고 수많은 의사들을 찾아다니다 결국 가진 돈 모두를 다 써버리고 말았어요. 그런데도 여인의 병을 낫게 해줄 수 있는 사람은 아무도 없었답니다.

어느 날이었어요. 여인은 예수님의 소식을 듣게 되었지요. 그 소식은 여인에게 커다란 희망을 안겨 주었어요. '예수님의 옷자락이라도 만진다면 내 병이 나을 것 같아.'

그러다 절호의 기회가 왔어요. 예수님이 많은 사람들에게 둘러싸여 길을 지나고 계실 때였지요. 여인은 사람들 사이를 겨우겨우 헤치고 들어가 예수님의 옷자락에 손을 댔어요. 그 순간, 거짓말처럼 여인의 몸에서 피가 멈췄어요.

그때였죠. "누가 내 옷자락에 손을 대었느냐?" 발걸음을 뚝 멈추신 예수님이 물으셨어요.

사람들이 와글와글 들끓어서 서로를 밀며 몰려가고 있었기 때문에 제자들은 예수님의 물음을 중요하게 생각하지 않았지요. 하지만 예수님은 여인이 스스로 털어놓기를 기다리셨어요. 더는 꽁꽁 숨길 수 없다고 생각한 여인은 자기에게 일어난 놀라운 일을 모든 사람들 앞에서 고백했지요. 예수님께서는 모든 사람들을 향해 그 여인이 믿음으로 완전히 나았다고 말씀해 주셨답니다.

—

There was a woman who was bleeding for 12 years. Because of her illness, she was not able to go near her friends or even her family. She sought after numerous doctors and nearly spent all of her wealth but no one was able to cure her disease. However, when she heard about Jesus, she had hope.

"I feel as though I will be healed even if I touch the edge of Jesus' cloak."

One day, the woman saw Jesus pass by but He was surrounded by a lot of people. She barely managed to touch the edge of Jesus' cloak with her hand. She was cured immediately.

"Who touched the edge of my cloak?" Jesus stopped walking and asked.

Since there were a lot of people pushing each other to follow Jesus, the disciples didn't think that it was brave to touch Jesus. However, Jesus wanted the woman to confess on her own. When the woman realized that she could not hide, she confessed everything that happened to her in front of everyone. Jesus declared to everyone that the woman's faith healed her.

눈을 뜨게 해주셨어요

Jesus Opens the Eyes

한 마을에 앞이 안 보이는 사람이 있었어요. 그는 태어날 때부터 앞이 안 보였기 때문에 단 한 번도 세상을 볼 수 없었지요. 하지만 그 사람이 슬픈 것은 아무것도 볼 수 없기 때문이 아니었어요. 자기를 보며 수군대는 사람들의 말 때문이었지요.

"이 사람이 볼 수 없는 것은 죄를 지었기 때문이야. 그래서 하나님으로부터 저주를 받은 거지! 이 사람의 부모도 부끄러운 줄 알아야 해."

예수님의 제자들은 그 사람이 무엇 때문에 앞을 볼 수 없는 것인지 궁금해졌어요.

"이 사람이 보지 못하는 것은 이 사람의 죄 때문도, 그의 부모의 죄 때문도 아니다. 하나님께서 이 사람을 통해 하나님의 능력을 보여 주시려는 것이지!"

—

There was a man who was not able to see since he was born so he had never seen the world. What made him more sad was that many people gossiped about him.

"He is not able to see because God cursed him because of his sin! Even his parents should be ashamed."

The disciples were also curious about why the man had become blind, so they asked Jesus. Then Jesus answered, "This man is not blind because of his sins or his parents' sins. God wants to show His work through this man!"

예수님은 그에게 가까이 다가가셨어요. 그런데 이게 무슨 일일까요. 예수님이 갑자기 땅에 침을 뱉으시는 거예요. 그러고는 침으로 진흙을 뭉쳐 그 사람 눈에 바르셨어요.
"자, 이제 실로암 연못에 가서 네 눈을 씻어라."
그는 여전히 앞을 볼 수 없었지만 마음만큼은 커다란 기대와 기쁨으로 부풀어 올랐어요. 그는 곧바로 실로암 연못에 가서 예수님이 발라 주신 진흙을 씻어 냈지요.

—

After saying these words, Jesus approached the blind man. Then he spit on the ground, made some mud with the saliva and put it on the man's eyes.
"Go wash your eyes in the Pool of Siloam."
Although the blind man was not able to see yet, he was filled with great hope and joy in his heart when he heard Jesus' words. He immediately went to the Pool of Siloam to wash off the mud that Jesus put on his eyes.

그러자 놀라운 일이 일어났어요. 이제껏 아무것도 보지 못했던 그의 눈이 밝아진 거예요. 세상의 모든 것을 볼 수 있게 된 것이죠!
"할렐루야! 하나님이 제 눈을 뜨게 해주셨어요!"
그는 마음을 다해 하나님을 찬양했어요. 하지만 어떤 사람들은 함께 기뻐하기는커녕 그가 앞을 못 보던 사람이었다는 사실조차 믿지 않았어요. 그 사람들은 예수님을 믿지 않았기 때문에 예수님이 하신 놀라운 일도 믿으려 하지 않은 거예요.

—

Then something wonderful happened. The eyes that had never seen light was brightened and he was able to see everything.
"Hallelujah! God opened my eyes!"
He praised God with all of his heart but some people didn't believe that he was blind before. They didn't believe in Jesus so they didn't want to believe in Jesus' work.

오천 명을 먹이신 예수님

Jesus Feeds The Five Thousands

수많은 사람이 예수님의 말씀을 듣기 위해 들판으로 모여들었습니다. 말씀을 듣다 보니 어느덧 저녁 식사 시간이 가까워졌지요. 하지만 그곳에는 사람들이 먹을 만한 음식이 없었어요. 그때 예수님께서 제자들에게 이렇게 물으셨어요. 그들의 믿음을 확인해 보기 위한 질문이었죠.

"이 사람들을 위해 어디서 먹을 것을 구하겠느냐?"

계산이 빠른 빌립이 재빨리 대답했어요. "여덟 달치 월급 정도의 돈이면 모두가 빵 한입씩은 먹을 수 있을 겁니다."

또 다른 제자 안드레는 한 소년을 예수님께 데리고 왔습니다.

"예수님, 이 소년이 작은 빵 다섯 개와 생선 두 마리를 가지고 있어요. 하지만 이렇게 사람이 많은데 이 정도 음식이 무슨 소용이 있겠어요?"

—

Tons of people were gathered to listen to Jesus. Although it was almost dinner time, there wasn't anything suitable for them to eat. Jesus asked to see His disciples' faith.

"Where can we find something for them to eat?"

Phillip, who was good at math, answered quickly. "If we have 8 months' wages, we can probably give a piece of bread to each person."

Another disciple named Andre brought a young boy to Jesus. "Jesus, this young boy has five small loaves of bread and two fish. But how can we feed so many people with so little food?"

"사람들을 몇 명씩 무리 지어 앉혀라." 예수님은 이렇게 말씀하시고 나서 소년의 도시락을 들고 하늘을 우러러 보시며 기도하셨어요. 그리고 그 빵과 생선을 나누어 주셨지요. 그런데 참 신기한 일이 벌어졌습니다. 아무리 나누어 주어도 음식이 모자라지 않는 거예요! 결국 모든 사람들이 다 먹고도 남을 정도가 되었지요.

—

Jesus instructed the disciples to lead the people to sit in groups and prayed for the food as He looked up to the sky. Then He started to distribute the bread and the fish. No matter how much they distributed the food, there was more food for everyone to eat and there were leftovers.

소년은 모두가 배고파하던 저녁 시간에 자기 혼자 먹기에 충분한 음식을 주님께 모두 드렸습니다. 그 덕분에 소년은 자신과 모든 사람들이 배부르게 먹고도 남는 기쁨을 누릴 수 있었어요.

이 소년처럼 예수님께 드릴 수 있는 작지만 소중한 것들은 무엇이 있을까요?

—

The young boy could have eaten the food by himself during the time when everyone was hungry. However, the young boy gave all of his food to God. Because of this, the young boy was blessed to allow everyone to become full and to become full himself.

What are some small things that we can give to Jesus like the young boy?

촛대 위의 촛불

The Lamp

어느 날 예수님이 제자들에게 빛을 예로 들어 이야기해 주셨어요.
"너희는 세상의 빛이란다. 산 위에 세운 도시를 모든 사람이 볼 수 있는 것처럼 너희도 숨겨지지 않지. 사람들은 촛불을 선반 아래에 두거나 숨겨 두지 않고, 촛대 위에 두지 않니? 그래야 집 안을 환히 비출 수 있으니 말이다. 이처럼 너희도 사람들 앞에 빛을 비추어야 해. 그래서 사람들이 빛과 같은 너희의 착한 행동을 보고, 하늘에 계신 너희 아버지께 감사드리게 하렴."

—

Jesus spoke to His disciples in parables.
"You are the light of the world. Just as everyone can see a city built on a mountain, you cannot be hidden.
People do not light a lamp and put it under a bed or cover it. Don't they put the lamp on its stand? By doing so, it gives light to everyone in the house.
In the same way, let your light shine before others. Allow them to see your good deeds and glorify your Father in heaven."

안식일의 주인

The Sabbath

예수님은 아픈 사람들이나 도움이 필요한 사람들을 만날 때면 망설이지 않으시고 그들을 돌보셨어요. 종교 지도자들은 그런 예수님을 쫓아낼 방법을 찾느라 꾀를 내고 있었지요. 예수님이 오신 후로 자신들의 거짓된 행동을 들키게 되어 불편하고, 그분을 따르는 제자들이 늘어나는 게 너무나도 싫었기 때문이에요. 예수님이 악한 귀신 때문에 등이 굽었던 불쌍한 여인을 고치시던 날이었어요. 그날은 하나님이 '일하지 말라'고 십계명에 명령하신 안식일이었지요. 그러자 그들은 기다렸다는 듯이 예수님을 몰아세우기 시작했어요. "이 사람이 안식일을 어겼다! 정말 하나님으로부터 온 사람이라면 절대 하나님의 계명을 어기지 않았을 거야. 분명 이 사람은 하나님의 아들이 아니라 죄인이라고!" 이렇게 외치며 사람들을 부추겼지요.

—

Whenever Jesus encountered the sick or those in need of help, He did not hesitate to help them. However, He often helped them on the sabbath which was a day when you are not allowed to work according to God's Ten Commandments. Ever since Jesus started His ministry, the pharisees were looking for a way to attack Jesus because they were upset that their hypocrisy was being revealed and that Jesus' followers were increasing. When Jesus heals a woman who had been crippled because she was possessed by a demon on the sabbath, the pharisees criticize Jesus harshly as if they were waiting for the opportunity. They roused the people by saying, 'If this man is from God, he would not disobey God's commandments. However, this man did not keep the sabbath so he is not from God. He must be a sinner!'

그때 예수님께서 그들에게 물으셨어요.
"너희들은 안식일에도 짐승들에게 먹이를 주지 않느냐? 또 너희 중에 누구든지 안식일에 구멍에 빠진 나귀나 양을 구하지 않겠느냐? 하물며 양보다 귀한 이 불쌍한 여인이 아파하고 있는데 그냥 지나칠 수 있겠느냐? 그러므로 안식일에 하나님을 위해 착한 일을 행하라. 안식일은 사람을 위하여 있는 것이지 사람이 안식일을 위해 있는 것이 아니다. 나는 안식일에도 주인이다."
종교 지도자들은 더욱 부글부글 화가 났지만 더는 대꾸할 말을 찾을 수가 없었어요.

안식일(주일)을 어떻게 보내야 하나님을 기쁘시게 할 수 있을까요? 함께 이야기 나눠 보아요.

—

Jesus asked the pharisees, "Don't you feed your animals on the sabbath? Which of you would not save a donkey or a sheep that has fallen into a hole on the sabbath? How could you pass by this frail woman in pain who is the daughter of Abraham? Therefore, do good works on the sabbath for God. The sabbath was made for man, and not man for the sabbath. Therefore, the Son of Man is Lord even of the sabbath." Although the pharisees were extremely angry, they were not able to find any words to say.

How can we spend our time on Sunday or on the sabbath so that we can please God? Discuss in detail.

폭풍 속의 예수님

In the Storm

제자들이 예수님을 만나기 위해 강 건너편으로 배를 몰고 가는 중이었어요. 그런데 갑자기 폭풍이 몰아쳐 배가 침몰할 위기에 빠지고 말았어요. 그때, 폭풍 가운데 강물 위를 잠잠히 걸어오시는 예수님을 발견했지요. 제자들은 마치 유령이라도 본 듯 두려워서 덜덜 떨었어요. 예수님은 "나다. 두려워 말고 용기를 가져라!" 하시며 그들을 안심시키셨어요.

—

As Jesus' disciples got on the boat to meet Jesus on the other side of the river, they were confronted by a storm and the boat was about to sink. Then, they saw Jesus who was calmly walking on the river in the storm. When the disciples were afraid that they had seen a ghost, Jesus eased their fear by saying, "it is I. Don't be afraid and take courage!"

베드로는 예수님임을 확인하고는 자신도 물 위를 걷게 해달라고 요청했어요. 예수님의 허락에 베드로는 몇 걸음 바다 위를 걷다가 그만 사나운 폭풍을 보고 겁에 질리고 말았지요. 그러자 그의 몸이 바다에 빠지기 시작했어요.
"믿음이 작은 베드로야, 왜 의심하였느냐!"
예수님은 베드로를 즉시 붙잡아 주셨어요. 그분이 배에 오르시자 폭풍은 언제 그랬냐는 듯 잠잠해졌지요. 그 모든 것들을 지켜본 제자들이 예수님 앞에 털썩 무릎을 꿇었습니다. 그들의 입술에서 "당신은 진정 하나님의 아들이십니다!" 이 고백이 터져 나왔답니다.

우리 앞에 폭풍이 몰아칠 때 우리는 무엇을 바라보아야 할까요? 예수님이 원하시는 '믿음'을 설명해 보세요.

—

When Peter realized that it was Jesus, he requested Jesus and started to walk on the water himself. But when Peter saw the fierce storm, he started to sink.
"Why did you doubt, you of little faith!" As soon as Jesus held Peter and got on the boat, the storm died down as if it was never there. The disciples, who had be surprised by everything that happened, kneeled down before Jesus and confessed, "truly you are the son of God."

When we see the storm coming towards us, where should we look? Define the kind faith that Jesus wants us to have.

향유를 깨트린 여인

Mary's Alabaster Jar

예수님께서 베다니라는 마을의 어느 집에 초대되어 사람들을 가르치실 때였어요. 그곳에는 일곱 귀신이 들렸다가 예수님께 고침을 받았던 마리아도 있었지요. 마리아는 예수님을 사랑하는 마음에 향기 나는 기름을 예수님의 발에 부었어요. 그러고는 울면서 자신의 머리카락으로 예수님의 발을 정성껏 닦았습니다.

—

Jesus was invited to a house in a village called Bethany. When He was teaching them, a woman named Mary who had been healed of being possessed by seven demons by Jesus came inside. Then she broke her alabaster jar filled with perfume, poured it on Jesus and used her hair and her tears to clean His feet.

그 모습을 보고 가룟 유다와 제자들은 여인을 나무랐어요. 향유를 팔아서 가난한 자들을 도울 수 있는데 아깝게 낭비한다는 이유였지요. 그러나 유다의 진짜 마음은 가난한 자들을 생각하는 게 아니었어요. 그의 머릿속은 돈 욕심으로 가득했지요. 모든 것을 알고 계신 예수님은 마리아를 오히려 칭찬하셨습니다. "이 여인이 나에게 좋은 일을 했다. 이것은 내 장례를 위한 것이다. 복음이 전해지는 곳에서는 이 여인이 행한 일도 기억될 것이다."

겉으로는 좋은 말을 하면서도 사실은 그 속에 나의 욕심이 숨어 있을 때가 있지는 않나요? 언제나 우리의 숨은 마음까지 들여다보시는 하나님 앞에서 우리는 사람들을 어떻게 대해야 할까요? 우리에게도 속마음으로는 예수님께 드리기에 아까운 것이 있지는 않나요? 함께 생각해 보아요.

—

Then Judas Iscariot and the disciples scolded the woman and told her that she should have sold the perfume and helped the poor instead of wasting the perfume. However, Judas was not thinking about the poor. Judas wanted to take the money himself. Jesus knew exactly what Judas was thinking and praised Mary saying, "She has done a good thing to me. She has done this for my burial. Wherever the gospel is preached, what she has done will be remembered."

We often criticize others with the excuse of appearing righteous. However, our selfishness is the real reason we choose to criticize others. How should we act towards other people before our God who is always with us and searches our hearts? If we are truthful to ourselves, don't we have things that we would give to Jesus begrudgingly?

잃었던 양

The Lost Sheep

죄인 취급을 받던 세리와 보잘것없는 사람들이 예수님을 따르는 모습을 보고 종교 지도자들과 율법학자들이 예수님을 비난했습니다. 예수님께서는 양의 이야기를 빗대어 말씀하셨어요.
"너희가 만일 백 마리의 양을 가지고 있는데 그중 한 마리를 잃어버리면 어떻게 하겠느냐? 아흔 아홉 마리를 그곳에 두고, 그 한 마리 양을 찾아 나설 것이다. 그러다 그 양을 찾으면 어떤 기분이겠느냐? 마냥 기뻐서 친구들, 이웃들과 함께 잔치를 벌일 것이다. 마찬가지로 하나님 나라에서는 회개할 것 없는 아흔 아홉 사람보다 잃어버렸던 한 사람이 용서를 빌며 돌아오는 것을 더 기뻐한단다."

하나님께서는 지금도 잃어버린 수백 만의 영혼을 찾고 계세요. 여러분은 하나님을 놓치지 않고 잘 따라가고 있나요?

—

The pharisees and the teachers of the law condemned Jesus as they saw the tax collectors and sinners following Jesus. Jesus spoke to them through a parable.
"If you had 100 sheep and you lost one sheep, what would you do? You would leave the 99 sheep to look for the one sheep. When you find the sheep, you will be filled with joy and throw a party with your friends and neighbors. In the same way, there is more rejoicing in God's kingdom over one sinner who repents than over 99 righteous persons who do not need to repent."

The bible tells us that God's heart is for the millions of souls that are lost. Where is our heart and attention?

돌아온 작은 아들

The Prodigal Son

어떤 사람에게 두 아들이 있었어요. 큰아들은 말을 잘 듣고 일도 열심히 했지만, 작은아들은 항상 잔머리를 굴리며 게으름을 피우기만 했지요. 어느 날, 작은아들이 아버지에게 말했습니다.
"아버지, 언젠가 돌아가시면 아버지 재산의 일부는 어차피 제 것이 되지 않나요? 어차피 주실 거 지금 주세요."
그는 아직 살아 계신 아버지에게 유산을 달라고 조른 것이지요. 아버지는 이런 예의 없고 황당한 작은아들의 말을 들어주었습니다.

—

A certain man had two sons. The older son followed him faithfully and the younger son always tried to get away with being lazy. One day, the younger son said to his father,
"Father, you will pass away one day and a portion of your wealth will become mine right? So give me my inheritance now."
The younger son asked for his inheritance although his father was still alive. However, the father fulfilled his son's rude and appalling request.

작은아들은 아버지로부터 받은 재산을 전부 챙겨 먼 곳으로 떠났습니다. 그는 엉망진창으로 살다가 그만 재산을 몽땅 써버리고 말았어요. 하루아침에 거지가 된 작은아들은 남의 집 돼지를 돌보며 얹혀살게 되었지요. 그곳에서는 아무도 먹을 것을 주지 않았어요. 밥도 제대로 먹을 수 없게 되자 번쩍 정신이 든 작은아들은 절실히 깨달았어요. '아버지의 일꾼들에게는 먹을 것이 남아도는데 나는 여기서 굶어 죽는구나.' 그런 생각을 하며 자신의 잘못을 뉘우쳤지요. 그리고 결심했습니다. '이제 나는 아들로서 아버지를 뵙지 못하겠지만, 일꾼으로라도 열심히 섬기며 살아야겠다.' 이 생각 끝에 작은아들은 곧장 아버지의 집으로 향했습니다.

—

The younger son took all of his inheritance and moved to the countryside far away from his home. Then he lived a reckless life until he spent all of his money. The younger son became a beggar and lived in a house where he took care of the pigs. In that place, no one bothered to even give him food for the pigs. The younger son finally realized his mistakes as he thought, 'my father's workers have more than enough to eat but I am here starving to death.' Then he made a decision. 'Since I feel too ashamed to see my father, I will become a worker for my father.'

The younger son quickly headed towards his father's house.

작은아들이 집 가까이로 오기도 전이었어요. 아버지는 작은아들을 먼저 발견하고는 온 힘을 다해 그에게로 달려갔습니다. 그리고 그의 목을 껴안고 입을 맞추었어요. 그동안 아버지는 매일 마을 입구에 나가서 작은아들이 돌아오기만을 기다려 왔던 거예요.
"아버지, 저는 하나님과 아버지께 죄를 지었어요. 이젠 더 이상 아버지의 아들로 살 자격이 없습니다."
아버지는 종들에게 명령했어요.
"가장 좋은 옷을 가져다 내 아들에게 입혀라. 손에 반지를 끼우고, 발에는 신을 신겨라."
게다가 살찐 송아지를 잡아서 큰 잔치를 벌이기까지 했지요.

진정한 반성은 뉘우치고, 다짐하고, 돌아서는 것입니다. 만약 둘째아들이 뉘우치기만 하고 돌아오지 않았다면 어떻게 되었을까요?

—

When the younger son was still far away from the house, the father saw the younger son and he was filled with compassion and ran towards him. Then he threw his arms around him and kissed him. The father had been going out far out everyday waiting for his younger son to come back.
"Father, I have sinned against heaven and against you. I am no longer worthy to be called your son."
However, the father commanded his servants, "Bring the best clothes and put it on my son. Put a ring on his finger and sandals on his feet."
Then he killed a fattened calf and threw a big party for his younger son.

True repentance involves being remorseful of our actions, deciding to turn away from our actions and actually turning away. If the younger son had only become remorseful and failed to return home, what would have happened?

더 큰 은혜

Greater Blessing of the Man With Leprosy

"예수님, 불쌍한 우리 좀 보세요!"
이들은 살이 썩는 심한 피부병을 앓고 있는 사람들이에요. 이 병 때문에 가족들과도 떨어져서 살아야 했고, 마을에도 들어갈 수가 없었지요. 혹시라도 사람들을 마주치기라도 하면 "나는 더러운 병에 걸렸으니 멀리 떨어지시오!"라고 소리쳐야만 했어요. 이 불쌍한 열 명의 나병 환자들은 예수님께 희망을 걸고 목소리 높여 외쳤어요.

—

"Jesus have pity on us!"
These people had a skin disease that caused their skin to rot so they had to live far away from their family and they could not enter the village. Also, according to the law, they had to shout to others to stay away from them since they have a dirty disease. These ten patients with leprosy set their hope in Jesus and shouted at the top of their lungs.

그 사람들을 불쌍하게 생각하신 예수님께서 그들에게 다가가셨어요.
"제사장에게 가서 너희 몸을 보이거라."
그 당시에 피부병 환자들은 제사장에게 병이 나은 것을 확인받아야만 다시 마을과 가족들에게 돌아갈 수 있었어요. 하지만 그들은 아직 낫지도 않은 몸으로 제사장을 찾아갔지요. 예수님의 말씀에 소망을 품었기에 가능한 일이었어요.

—

Jesus had compassion on them and went near to them and said, "show your bodies to the priest."
In those times, patients with leprosy had to receive confirmation from the priest that they were healed in order to return to their village and their family. The men with leprosy headed towards the priest with bodies that had not been healed yet because they had hope in Jesus' words.

예수님 말씀을 믿고 따르자 기적이 일어났어요. 그들이 제사장 앞에 섰을 때, 정말로 몸이 깨끗하게 다 나아 있었던 거예요! 그들은 벅찬 기쁨을 안고 각자 집으로, 마을로 뛰어갔어요. 가족들과 친구들, 그리고 그동안 자신을 피하던 사람들에게 말끔히 나은 자신을 보여 주고 싶어 견딜 수 없었거든요.

—

As the men with leprosy started to go to the priest just as Jesus instructed, their bodies were healed! They were so happy that each one ran to their home and their village. They couldn't wait to show their normal bodies to their family, friends and people who had stayed far away from them.

그런데 열 명의 병든 자들 중에서 단 한 사람만은 달랐어요. 그는 병이 들기 전에도 항상 사람들이 외면했던 외국 사람이었지요. 그 사람은 자신을 낫게 해주신 예수님을 향해 뛰어갔어요. 그러고는 그분 발 앞에 엎드려 하나님을 예배했지요. 예수님이 그를 칭찬하며 말씀하셨어요.
"병이 나은 사람은 열 명인데, 하나님께 감사드리러 온 사람은 한 명뿐이구나. 마음 편히 가거라. 네 믿음이 너를 죽음에서 살렸다."
예수님은 하나님 은혜에 감사를 올린 그에게 비교할 수 없는 큰 선물, 구원을 주신 거예요.

—

But one person was different. Although he was excited, he ran to Jesus, kneeled before Him and worshipped God. He was a foreigner that others always stayed away from even before he became sick.
"Ten people were healed but only one person came to thank God." Jesus praised him and said, "go in peace. Your faith has saved you."
Jesus gifted the man, who was thankful for God's blessing, with a greater blessing which is salvation.

아이들을 사랑하시는 예수님

Jesus Loves Children

"우아~ 예수님이다!"
예수님이 오셨다는 소식에 온 동네 아이들이 몰려왔어요. 예수님의 축복을 받고 싶어서 갓난아이를 안고 온 엄마도 있었어요.
"예수님은 하늘나라에서 오셨대!"
"저분이 하나님의 아들이래!"
예수님을 만날 생각에 다들 잔뜩 신이 나 있었어요.

—

"Wow, it's Jesus!"
All of the children gathered as they heard the news that Jesus was in town. Even a mother brought her infant so that Jesus can bless him.
"Jesus is from heaven!"
"He said He is the son of God."
Everyone was excited at the thought of meeting Jesus.

그런데 바로 그때, 예수님의 제자들이 사람들 앞을 가로막으며 엄하게 말했어요.
"얘들아, 그만 돌아가거라. 예수님은 너무 바쁘셔서 너희들과 놀아 주실 시간이 없단다."
간절히 예수님을 만나고 싶어했던 아이들은 실망하여 풀이 죽었어요.
"예수님… 예수님… 만나고 싶어요."

—

But Jesus' disciples stopped them and said, "children, Jesus is too busy so he doesn't have any time to play with you. You should go back home."
The children were so disappointed. "Jesus... Jesus... I want to meet Him…"

그때 예수님께서 다가오셔서 제자들을 타이르셨어요.
"이 아이들이 내게 오는 걸 막지 말거라. 하나님 나라는 바로 이런 어린아이들을 위한 곳이다."

—

Right at that moment, Jesus came and scolded the disciples and said, "do not hinder the children from coming to me, for the kingdom of God belongs to these children."

"자, 모두 이리 오거라!"
예수님께서 다정한 목소리로 아이들을 부르셨어요.
"와~ 예수님!"
신이 난 아이들은 예수님께 달려가 품에 안겼지요.

—

"Now everyone come this way," Jesus called the children.
"Wow Jesus!" The children were so excited that they ran into Jesus' arms.

예수님께서는 사랑을 담아 아이 한 명 한 명을 쓰다듬어 주시고 축복해 주셨어요. 그러고는 사람들에게 말씀하셨지요.

“모두 잘 듣거라. 하나님의 나라는 이 아이들처럼 순수한 마음으로 하나님을 믿고 받아들여야 들어갈 수 있을 것이다.”

예수님의 따뜻한 품에 안긴 아이들의 얼굴에서 달콤한 기쁨과 행복이 묻어났어요.

—

Jesus laid hands on each child and blessed them as he spoke to people, “listen very carefully. Remember that if you do not receive the kingdom of God with a humble heart like these children, you will never enter it.”

The faces of the children who were being held by Jesus were filled with joy.

예수님과 삭개오

Zacchaeus

"예수님이 우리 마을에 오셨대!"
누군가의 외침에 마을 사람들이 하나둘씩 몰려들었어요. 키가 유난히 작았던 세리장 삭개오도 예수님을 보러 나갔지요. 세리장은 백성들에게 돈을 걷는 사람들 중에 우두머리를 말해요. 하지만 키가 작은 그는 사람들에게 파묻혀서 예수님 얼굴을 볼 수 없었어요. 그렇다고 삭개오를 위해 길을 비켜 주는 사람은 아무도 없었지요. 로마를 위해 돈을 걷으며 자기 배만 채우는 삭개오를 마을 사람들이 아주 싫어했기 때문이에요.

—

"Jesus has come to our village!"
Everyone in the village gathered to see Jesus. A tax collector named Zacchaeus was so short that he couldn't see Jesus behind everyone. But no one wanted to let Zacchaeus pass through.
Zacchaeus collected taxes for Rome to increase his own wealth. So the people in the village didn't like Zacchaeus.

주위를 두리번거리던 삭개오는 근처에 있던 한 나무를 발견했어요. 그는 나무 위로 잽싸게 올라 갔지요. 그러자 예수님의 얼굴이 잘 보였어요. 바로 그때, 예수님께서 삭개오를 보시고 말씀하셨어요.

“삭개오야, 내가 오늘 너의 집에 머물러야겠다.”

마을 사람들은 자신들이 싫어하는 삭개오를 예수님께서 부르신 것이 못마땅해 수군거렸습니다.

하지만 삭개오는 뛸 듯이 기뻐하며 곧장 나무에서 내려와 예수님을 집으로 맞이했어요.

—

Zacchaeus happened to see a tree nearby so he climbed up. He was finally able to see Jesus. Jesus saw Zacchaeus and said, “Zacchaeus, I will stay at your place today.”

Everyone in the village gossipped because they were upset that Jesus called Zacchaeus who is a sinner. However, Zacchaeus was so happy that he immediately welcomed Jesus into his home.

"예수님, 제가 가진 모든 것의 절반을 가난한 사람들에게 나누어 주겠습니다. 그리고 앞으로는 제가 조금이라도 거짓말로 세금을 거두면, 그 사람에게 네 배로 갚겠습니다!"
삭개오의 진심이 담긴 약속에 예수님은 기뻐하시며 말씀하셨어요.
"삭개오야, 오늘 너와 이 집이 모두 구원 받았다!"

예수님은 우리가 그동안 어떤 사람이었는지보다, 앞으로 어떤 사람이 될 것인지를 보십니다. 혹시 우리도 그동안의 잘못으로 누군가를 평가하지는 않았나요?

—

"Jesus, I will give half of my wealth to the poor. And from now on, if I collect any taxes by lying, I will pay back four times the amount!" Zacchaeus promised Jesus.
Jesus was happy. "Today salvation has come to the home of Zacchaeus, the son of Abraham!"

Rather than looking at who we were in the past, Jesus looks at who we will become from now on. Is anyone (at their job, environment or from their past) judging based on their mistakes from the past?

예루살렘에 들어가신 예수님

Jesus Enters Jerusalem

유대인의 가장 큰 명절인 유월절이 왔어요. 예수님과 제자들은 유월절을 보내기 위해 예루살렘으로 가셨어요. 예수님은 어느 마을에 가서 어린 나귀를 끌고 오라며 제자 두 명을 보내셨어요.
"만일 나귀의 주인이 무슨 일이냐고 물으면 주님께서 쓰실 것이라고 대답하여라."
두 제자는 마을에 들어갔어요. 과연 그곳에는 어미와 함께 묶여 있는 어린 나귀가 있었지요. 주인이 무슨 일이냐고 묻자 예수님이 알려 주신 대로 대답했어요. 그러자 나귀의 주인은 순순히 어린 나귀를 내어 주었답니다.

—

Jesus and disciples headed towards Jerusalem to spend Passover, which is the most important Jewish holiday. Jesus sent two disciples to a village commanding them to bring a young donkey.
"If the donkey's owner asks, tell him that the Lord will use it."
The disciples found a young donkey tied to its mother just as Jesus told them. They answered as Jesus instructed when the donkey's owner asked what they needed the donkey for. Then the donkey's owner gave them the young donkey easily.

예수님이 어린 나귀를 타고 예루살렘 성에 들어가셨어요. 이것은 예수님이 이 땅에 오시기 몇백 년 전에 남겨진 책인 '스가랴서'의 약속이 이루어진 것이지요. 예수님이 어린 나귀를 타고 오셨다는 것은 '겸손의 왕'이라는 의미를 가지고 있답니다.

"시온 사람들아, 크게 기뻐하라. 예루살렘 사람들아, 기쁨으로 외쳐라.
보라, 너희 왕이 너희에게 나아간다 그는 의로우신 분이며 구원을 베푸시는 분이시다!
그가 겸손하여 나귀를 탔으니 어린 나귀, 곧 나귀 새끼이다"(슥 9:9).

예수님께서 예루살렘에 들어가실 때 이스라엘 백성은 자신들의 옷을 길에 깔거나 종려나무 가지를 흔들며 환성을 질렀습니다.
"우리 주님의 이름으로 오시는 왕이시어! 우리에게 구원을 베풀어 주세요."

—

When Jesus entered Jerusalem on a young donkey, this also fulfilled a prophecy that was written several hundred years ago. It is God's promise written in the Old Testament book Zechariah. To enter on a young donkey shows that Jesus is a humble king.

"City of Zion, rejoice greatly. City of Jerusalem, shout. Your King is coming to you. He is a just King and
He is a King who provides salvation. Because He is gentle,
He is riding on a donkey, a colt, a foal of a donkey."(Zechariah 9:9)

When Jesus was entering Jerusalem, the children of Israel spread their clothes on the road or shouted as they waved palm trees.
"The King who is coming in the name of our God! Provide salvation to us."

가난한 여인의 헌금

The Widow's Offering

유대인들은 나라에 내는 세금 외에 하나님의 집에 자신이 번 돈의 일부를 드렸습니다. 그래서 사람들은 성전에 들어서면 헌금 통에 돈을 넣었어요. 그때마다 동전 떨어지는 소리가 성전에 울렸지요. 동전 소리가 많이 나는 사람은 으쓱거리며 자랑스러워했고, 소리가 적게 나는 사람은 몹시 부끄러워했어요.

—

Apart from taxes paid to the country, the Jews gave a portion of their earnings to the house of God. Because everyone was able to hear the sound of coins when they fell into the offering box, those who gave a lot felt proud and those who gave a little felt ashamed.

한 여인의 차례가 되었어요. 남편을 잃고 가난하게 살아온 여인이었지요. 그 여인은 작은 동전 두 개를 헌금 통에 넣었어요. 그 모습을 본 사람들은 서로 수군댔습니다.
"겨우 작은 동전 두 닢을 하나님께 드리다니."
"참 복 없는 여인이야. 하나님이 저걸 받아 주시겠어?"
그때 예수님이 제자들에게 말씀하셨어요.
"저 여인은 어떤 사람보다도 가장 많은 헌금을 하였다."
제자들이 궁금해하며 되물었지요. "네? 겨우 동전 두 개를 드렸는데요?" 그러자 예수님께서 대답하셨어요. "다른 사람들은 자신을 위해 돈을 다 쓴 뒤 남은 것을 하나님께 드렸지만, 이 가난한 여인은 자신이 가진 생활비 전부를 드렸기 때문이란다. 하늘에 계신 하나님 아버지는 이 여인에게서 가장 많은 예물을 받으셨다."

우리의 모든 행동에 대해 사람이 보는 것과 예수님이 보는 눈은 다르지요. 어떻게 다른지 함께 생각해 보아요.

—

The woman who had lost her husband and had been living a poor life went up to give her offering. People started to gossip as they saw her put in only two coins. 'She's only giving two coins to God?' 'I guess she will not be blessed. Would God even accept her offering?'
After watching this scene, Jesus spoke to His disciples, "That woman has given more than anyone else so far."
"What? Even though she only gave two coins?" When the disciples were surprised, Jesus answered.
"Everyone else used all of the money for themselves and gave what was left over to God. However, this woman gave everything she had even though she is poor. The Father in heaven received the most from this woman."

Meditate on how this story tells us about the difference between people's standards and Jesus' standards on all of our actions.

서로의 발을 씻기라

Jesus Washes the Disciples' Feet

예수님께서 제자들과 함께 저녁을 드실 때였어요. 그분은 자신이 곧 이 제자들과 헤어져야 한다는 것을 아셨지요. 그래서 제자들을 향한 사랑을 전하기 위해 예수님은 그들의 발을 씻기기 시작하셨습니다. 베드로의 차례가 되었을 때, 그는 펄쩍 뛰며 말했어요.
"예수님, 발을 씻기는 것은 종이나 하는 일이에요! 제가 어떻게 예수님이 그런 일을 하시게 하겠습니까?"
예수님께서 말씀하셨습니다.
"내가 너의 발을 씻겨 주지 않으면 너는 나와 아무 상관이 없게 된단다."
그러자 베드로는 자신의 발뿐만 아니라 손과 머리도 씻겨 달라고 청했지요.
"베드로야, 이미 목욕한 사람은 온몸이 깨끗하다. 그러니 발만 씻으면 된단다."
예수님께서는 발을 모두 씻기신 후 제자들을 가르치셨습니다.
"내가 너희에게 한 것처럼 너희도 서로 남의 발을 씻겨 주렴."

예수님은 특별히 "서로의 발을 씻기라"는 말씀을 남기시며 예수님이 우리를 용서하신 것처럼 서로를 용서하라고 하셨어요. 내게도 용서해야 할 사람이 있는지 생각해 보고 예수님의 가르침을 따라 보아요.

—

While having dinner with his disciples, Jesus knew that He would soon leave His disciples. So He began to wash His disciples' feet with a loving heart. When it was Peter's turn, Peter jumped up and refused.
"Jesus, washing feet is the work of a servant! How can I just leave the Lord to do such things?"
Then Jesus said, "If I do not wash your feet, you have no part with me."
Then Peter asked Jesus to not only wash his feet, but also his hands and his head.
"Peter, the entire body of someone who has already taken a bath is clean so they only need to wash their feet." After washing all of His disciples' feet, Jesus taught them. "Just as I have done for you, you also should wash each other's feet."

With the message to 'wash each other's feet', Jesus instructs us to forgive one another in the same way Jesus forgave us. Think about whether or not I have anyone I need to forgive and obey God's command.

최후의 만찬

The Last Supper

이스라엘의 가장 큰 명절인 유월절을 기념하는 저녁, 예수님이 제자들에게 말씀하셨어요.
"곧 나는 힘든 일을 겪게 될 것이다. 그전에 너희와 저녁 식사를 함께하기를 간절히 원했단다. 이것이 내게는 이 땅에서의 마지막 유월절 저녁이 될 거란다. 유월절이 하나님 나라에서 이뤄질 때까지 말이다."
예수님은 이 말씀을 마치시고 빵을 들어 하나님께 감사를 드리셨어요. 그리고 제자들에게 빵을 떼어 나누어 주시며 말씀하셨습니다.
"이 빵은 너희들에게 주는 나의 몸이란다. 이렇게 빵을 나누어 먹으며 나를 기억하여라."

—

While having dinner to celebrate Passover, Israel's biggest holiday, Jesus spoke to His disciples.
"I truly desired to have this dinner with you before I suffer. Until the Passover is fulfilled in the kingdom of God, this will be my last Passover dinner on this earth." Jesus took the bread, gave thanks and gave it to the disciples as He spoke to them. "This bread is my body given for you. Share this bread in remembrance of me."

이번에는 포도주 잔을 나누시며 말씀하셨습니다.
"이 잔은 너희를 위하여 흘리는 내 피다. 나의 피로 너희에게 새 약속을 만들어 주겠다. 그런데 너희 중 나를 팔아넘길 사람이 여기에 함께 있구나. 나는 하나님께서 정하신 대로 가지만, 나를 넘겨주는 그 사람에게는 슬픈 일이 있을 것이다."
그러자 제자들은 하나같이 서로를 번갈아 바라보더니 "주님, 저는 아니지요?" 하고 물었어요. 그러더니 급기야 서로들 자기가 제자들 중 가장 큰 사람이라고 우기며 다투기 시작했어요. 그 모습을 보시며 예수님께서 말씀하셨습니다.
"세상에서는 다스리고 시키는 사람이 큰 사람이지만, 하나님 나라에서는 어린아이처럼 섬기는 사람이 가장 큰사람이란다."

—

Jesus spoke as He shared the cup filled with wine, "This cup is filled with the blood that has been bled for you. With my blood, I will make a new covenant. However, the person who will betray me is here with me among you. I will go as it was decreed by God but woe to the person who will betray me."
Then the disciples looked at one another asking, "Lord, it's not me right?" Then the disciples started to argue over who may be the greater disciple.
So Jesus said, "In the world, the person who rules and commands others is greater. However, the person who serves others like a child is the greatest in the kingdom of God."

예수님께서는 자신이 짊어지게 될 십자가의 고통과 죽음 그리고 부활을 말씀하셨어요. 그러자 베드로가 예수님께 대들었습니다.

"주님! 안 됩니다. 절대로 이런 일이 일어나서는 안 돼요!"

"베드로야, 네가 하나님의 일을 생각하지 않고 사람의 일만 생각하는구나!"

예수님께서는 베드로를 사랑하는 마음으로 말씀하셨어요.

"베드로야, 보아라. 사탄이 너희의 믿음을 꺾으려고 하는구나. 그러나 나는 너의 믿음이 굳세어지도록 기도하였단다. 오늘 밤 너는 나를 세 번 버릴 것이다. 그러나 앞으로 너는 다른 형제들의 믿음을 굳세게 하여라."

—

When Jesus revealed to His disciples that He will suffer on the cross, die and be raised from the dead, Peter opposed, "No Lord, you should never allow these things to happen!"

"Satan, get behind me. Peter you're only thinking about people's work instead of thinking about God's work!" Jesus spoke to Peter because He loved him, "Peter, look. Satan requested to have you in his power. But I prayed for you so that your faith will not be broken. Tonight you will disown me three times. But when you return, strengthen you brother."

겟세마네

The Gethsemane

예수님의 제자 중 가룟 유다는 예수님이 자신의 죽음에 대해서 계속해서 말씀하시는 것이 무척 못마땅했어요. 예수님이 돌아가시면 그분의 능력을 이용해 자신이 원하는 것을 이루려던 계획이 사라져 버리기 때문이었지요. 바로 그때, 사탄이 불평 가득한 유다의 마음속으로 들어갔습니다. 결국 유다는 돈을 받고 예수님을 대제사장과 종교 지도자들에게 넘겨주고 말았어요.

—

Judas Iscariot, who was a disciple of Jesus, was very displeased that Jesus was always talking about His death. If Jesus dies, Judas would not be able to use Jesus' power to accomplish his plans. Satan entered Judas' heart that was filled with discontent. So Judas received money to give Jesus over to the High Priest and the pharisees.

그 시간, 저녁 식사를 마친 예수님은 언제나처럼 제자들과 겟세마네라는 언덕으로 가셔서 기도하셨습니다. 예수님은 이후에 있을 일을 아시기에 다른 날보다 더욱 간절히 기도하셨어요.
“아버지, 제가 이 고통의 길을 피할 수 있다면 피하게 해주세요!”
예수님은 기도하고 또 기도하셨어요. 땀방울이 핏방울로 변할 만큼 온 힘을 다해 기도하셨지요.
마침내 예수님께서는 하늘을 올려다 보며 고백하셨습니다.
“아버지! 제가 원하는 대로가 아니라 아버지가 원하시는 대로 되기를 원합니다.”
지친 예수님께로 하나님의 천사가 내려와 힘을 더해 주었어요.

—

On the other hand, Jesus finished dinner and went to Mount Gethsemane with His disciples to pray as always. Jesus prayed more eagerly than other days.
“Father, allow me to pass by without going down this path!” Jesus prayed and prayed again. Jesus prayed with all of his strength until he was sweating blood. Finally, He looked up to the sky and confessed, “But I want Your will to be done, not mine.”
An angel came down to give Jesus strength because he was exhausted.

기도를 마치신 예수님께서 제자들에게 돌아오셨을 때였습니다. 약속이라도 한 듯 무기를 든 군인들이 유다와 함께 겟세마네 언덕에 들이닥쳤어요.
"선생님!"
유다는 예수님께 입을 맞추며 인사를 하더니, 함께 온 군인들을 불렀습니다.
"이 사람이 바로 당신들이 찾는 나사렛 예수요!"
예수님은 안타까운 눈으로 유다를 바라보셨습니다. 그러고는 스스로 군인들에게 몸을 내어 주셨지요.
"나를 데려가고 다른 사람들은 가도록 내버려 두시오."

—

When Jesus finished praying and returned to His disciples, Judas and the armed soldiers he brought stormed onto Mount Gethsemane.
"Teacher!" After greeting Jesus by kissing Him, Judas called the soldiers he came with. "This man is the Jesus of Nazareth you are looking for!"
Jesus looked at Judas mournfully and allowed himself to be arrested by the soldiers. "Take me and let the others go."

혼자 힘없이 끌려가시는 예수님을 보며 종교 지도자들은 기세등등하여 서로에게 말했습니다.
"만약 예수가 정말 하나님의 아들이었다면 이렇게 쉽게 잡히지 않았겠지."
"이제야 그가 사기꾼이라는 게 밝혀지는군!"
예수님을 따르던 제자들은 거짓말처럼 다 도망가 버렸습니다. 말없이 혼자 끌려가시는 예수님의 모습은 정말 처량해 보였어요.

—

As the pharisees watched Jesus being taken without any strength, they became arrogant and said to one another, "If Jesus was truly the son of God, He wouldn't get arrested so easily."
"He finally is being treated the way he deserves to be treated!"
All of the disciples who were following Jesus ran away. As Jesus was taken away alone silently, He truly looked bleak.

예수님의 십자가

The Cross

십자가는 아주 무시무시한 죄를 저지른 사람들을 처벌하는 로마의 사형 틀이었어요. 죄인이 십자가에 달려 고통스럽게 죽어 가는 모습을 모두가 볼 수 있게 만든 아주 끔찍한 처형 방법이었지요. 특히 나무에 매달려 죽는 것을 하나님의 저주로 여겼던 유대인들에게는 더더욱 부끄러운 죽음이었답니다.

—

The cross was Rome's death penalty to punish villainous criminals. It was a very cruel punishment because the sinner was displayed to everyone as he died slowly and suffered in pain and shame. Especially being hung on a tree was more shameful because the Jews considered it as God's curse.

대제사장과 종교 지도자들은 예수님이 십자가에서 죽는 것이 마땅하다고 믿었습니다. 그들은 예수님이 스스로 하나님의 아들이라 말하는 것으로 하나님의 이름을 더럽혔기 때문에 그 죗값을 치른다고 생각했어요. 하지만 구약성경인 이사야서에는 이미 예수님이 십자가를 지고 사형을 당하실 것이라고 쓰여 있었어요. 예수님 자신의 죄가 아닌, 모든 사람이 지은 죄의 값을 대신 치르게 하셔서 예수님을 믿는 모든 사람을 구원하시려는 하나님의 신비로운 계획이었습니다.

—

The High Priest and the pharisees believed that Jesus deserved to die on the cross. They thought that Jesus was paying for His sin since He insulted God.
However, Isaiah prophesied that Jesus would die on the cross. He paid for everyone's sins, not His own. In this way, God's mysterious plan was to save everyone who believed in Jesus.

이사야서에는 그 말씀이 이렇게 쓰여 있어요.

"그는 우리의 질병을 지고 우리를 대신하여 슬픔을 당하였으나
우리는 그가 하나님의 형벌을 받아 고난을 당하는 것으로 생각하였다.
그가 우리의 죄 때문에 찔림을 당하고 상처를 입었으니 그가 징계를 받음으로
우리가 평화를 누리게 되었고 그가 채찍에 맞음으로 우리가 고침을 받았다.
그는 기꺼이 자기 생명을 바쳐 범죄자처럼 되었으며 많은 사람들의 죄를 짊어지고
그들이 용서받도록 기도하였다"(사 53:4, 5, 12b).

—

It is written this way in the book of Isaiah.

He carried our disease and our grief for us but we thought that He suffered because He had been punished by God. He was pierced and wounded because of our sins. We can enjoy peace because He was punished and we have been healed because He was whipped. He willingly sacrificed His life to become like a criminal. He also carried the sins of many and prayed that they would be forgiven(Isaiah 53:4, 5, 12b).

아무 죄도 없으신 예수님께서는 고통스럽고 부끄러운 벌을 받으셨어요. 그러나 이사야서의 말씀대로 그분이 십자가에서 죽임당하셨기 때문에 예수님을 믿는 모든 사람들의 죗값이 치러진 것입니다. 하지만 예수님의 삶이 그렇게 끝난 것은 아니었어요. 예수님은 사흘 만에 죽음을 이기시고 영원히 죽지 않는 몸으로 다시 살아나셨습니다. 이 땅에 처음 오실 때 가지고 계셨던 몸(육신)의 생명이, 영원한 생명으로 바뀐 것이지요. 예수님은 자신의 죽음과 부활을 믿는 모든 사람들에게 영원한 생명이라는 열매를 주셨습니다.

예수님의 십자가와 내가 지었던 잘못들은 어떤 관계가 있을까요?

—

Because Jesus, who was without sin, was punished with pain and shame and died on the cross, He paid for the sins of everyone who believes in Him. But Jesus' life did not end this way. After three days, Jesus conquered death and resurrected with an eternal body. The earthly body He first had on earth transformed into an eternal body. This is the first fruit that will be given to everyone who believes in Jesus.

What is the correlation between Jesus' cross and my mistakes?

다시 살아나신 예수님과 도마

Doubting Thomas

예수님을 무덤에 모신 지 사흘째 되는 날, 예수님이 다시 살아나셨어요! 다시 살아나신 예수님은 향기 나는 기름을 붓고 자기 머리카락으로 발을 씻어 주었던 마리아에게 처음 나타나셨습니다. 그 후에 슬픔과 두려움에 잠긴 채 숨어 지내던 열 명의 제자들 앞에 나타나셨지요. 마침 그 자리에 없었던 도마는 예수님이 나타나셨다는 다른 제자들의 말을 도저히 믿을 수가 없었어요.
"예수님 손에 난 못 자국을 직접 만져 보기 전까지 난 절대 안 믿어! 믿을 수 없다고!"
바로 그때 예수님이 다시 나타나셨어요. 그리고 그분은 구멍 난 손과 옆구리를 만져 보도록 허락하셨지요.
"오, 나의 주님! 나의 하나님!"
도마는 벅찬 목소리로 외쳤어요. 죽었다가 살아나신 예수님을 만난 도마는 그제야 예수님이 바로 하나님이시라는 사실을 믿게 된 것이지요.
"이제야 네가 나를 믿는구나. 하지만 도마야, 보지 않고 믿는 사람은 더욱 복이 있단다."

예수님을 보지 않고도 믿는 사람들은 누구를 가리키는 것일까요?

—

Jesus rose from the dead after three days. Jesus first appeared to Mary who had poured perfume and washed His feet. Then He appeared to the eleven disciples who had been hiding away living in sorrow and fear. Thomas, who had not been with the eleven disciples, could not believe their words.
"I can't believe it until I touch Jesus' wounds from the nails myself!" At that time, Jesus appeared again and allowed Thomas to touch the hole in His hand and His side. "Oh my Lord, my God!" Thomas shouted with enthusiasm. Thomas was finally able to believe that Jesus is God when he met Jesus who was alive after being dead.
"Finally you are able to believe me. Thomas, the person who is able to believe without seeing is more blessed."

Who are those who believe in Jesus without seeing Him?

디베랴 바다

The Sea of Tiberias

다시 살아나신 예수님께서 어느 다락방에 숨어 지내던 제자들에게 나타나신 뒤의 일입니다. 베드로와 요한을 비롯한 제자들은 예수님을 처음 만났던 갈릴리로 갔지요. 그러나 그곳에서 그들은 기다리던 예수님을 만나지 못했어요.

베드로는 배고픔을 참지 못해 예수님을 알기 전에 그랬던 것처럼 근처 바다로 고기를 잡으러 갔어요. 요한과 다른 제자들도 베드로를 따라나섰지요. 그러나 그날 밤 제자들은 아무것도 잡지 못했어요. 그들은 텅 빈 배에서 새벽을 맞아야 했습니다. 그때, 누군가 물가에서 소리쳤어요.

"배 오른편에 그물을 던져 보게. 그러면 물고기가 잡힐 걸세."

제자들은 그 말대로 배 오른편에 그물을 내려 보았습니다. 그러자 놀라운 일이 일어났어요! 어느새 그물에는 물고기가 한가득 잡혀 있었거든요.

"주님이시다!"

요한이 외치는 소리에 베드로는 곧장 물속에 풍덩 뛰어들었어요. 그러고는 예수님께로 헤엄쳐 갔습니다.

—

Jesus appeared to the disciples who had been hiding in a small room in Jerusalem. Afterwards, Peter, John and the other disciples went to Galilee where they first met Jesus according to Jesus' prophecy and the angels' testimony. However, when Peter did not meet Jesus there and felt hungry, he went to catch some fish as he had always done before knowing Jesus.

John and the other disciples also followed Peter. However, that night, the disciples were not able to catch any fish. So they found themselves in an empty boat as dawn arrived.

Then, someone shouted from the shore, "Throw out your net on the right side of the boat. Then you will catch some fish."

When the disciples followed his words, something wonderful happened. All of a sudden, the fishnet was full of fish.

"It is the Lord!" John shouted. Then Peter jumped into the water immediately and swam to Jesus.

예수님께서는 제자들을 위해 불을 피우고 아침 식사까지 마련해 놓으셨어요. 그리고 물에 흠뻑 젖은 베드로를 가까이 불러 몸을 따뜻하게 녹여 주셨지요. 식사를 마친 후, 예수님이 베드로에게 물으셨어요.

"시몬아, 여기 있는 사람들보다 나를 더 사랑하느냐?"

베드로는 예수님이 십자가에 못 박히기 전날 밤의 일이 떠올랐어요. 자신이 세 번이나 사람들 앞에서 주님을 모른 척했던 것을 생각하며 슬픔에 잠겼지요.

"주님이 아십니다. 제가 주님을 사랑하는지……."

예수님은 똑같은 질문을 두 번 더 하셨어요. 베드로는 그때마다 "네, 주님. 제가 주님을 사랑하는 줄 주님이 아십니다"라고 대답했지요.

이렇게 예수님은 자신을 세 번이나 모른 척했던 베드로의 마음의 짐을 벗겨 주셨어요. 그리고 이렇게 명령하셨지요.

"앞으로 나를 믿는 사람들을 잘 돌봐 주거라."

예수님이 보여 주신 용서는 우리의 용서와 어떻게 다른가요? 진정한 용서란 무엇일까요? 진정한 용서는 상대방을 잘못하기 전과 똑같이 대하는 것입니다.

—

Jesus lit a fire for the disciples and prepared breakfast. Jesus called Peter to come near the fire so that he can get dry. After breakfast, Jesus asked Peter, "Simon, do you love me?"

Peter was filled with sorrow as he remembered how he denied the Lord three times the night before He was nailed on the cross. "Lord, you know how much I love you..."

Although Jesus had already forgiven Peter, He asked the same question two more times. "Son of Jonah, do you love me?" In this way, Jesus took away the guilt that Peter felt after denying Him. "Feed my sheep and watch over them."

What is the difference between the forgiveness that Jesus shows and our forgiveness? What is true forgiveness? Treating the person in the same way as you treated him before his mistakes is true forgiveness.

하늘에 올라가신 예수님

The Great Commandment

다시 살아나신 예수님은 40일 동안 여러 형제들에게 모습을 보이셨어요. 그들의 믿음을 더욱 굳세게 하기 위해서였지요. 그리고 마지막으로 제자들과 감람산에 올라가셔서 이 땅에서의 마지막 명령을 제자들에게 내리셨어요.

"너희는 가서 모든 사람들을 제자로 삼아라. 그리고 아버지와 아들과 성령의 이름으로 세례를 주거라. 또 내가 너희에게 명령한 모든 것을 그들에게 가르쳐 지키게 하여라. 보아라, 내가 세상이 끝나는 날까지 항상 너희와 함께 있을 것이다."

예수님은 이 말씀을 마치시고 하늘로 올라가셨어요. 이윽고 예수님의 모습이 구름에 싸여서 보이지 않게 되었지요. 놀란 눈으로 하늘을 바라보고 있던 제자들을 향해 두 천사가 말했어요.

"어째서 다들 하늘을 쳐다보고 서 있느냐? 예수님은 하늘로 올라가신 이 모습대로 다시 오실 것이다."

—

After His resurrection, Jesus appeared before many for 40 days and strengthened their faith. Then finally He went to the mount of Olives with His disciples and gave them the final command on earth.

"I have received all authority in heaven and on earth. Therefore, go and make disciples of all nations. Baptize them in the name of the Father, of the Son and of the Holy Spirit. Also, teach them to obey everything I have commanded you. Look, I will be with you until the end of the age."

When Jesus finished this message He ascended to the sky. Two angels spoke to the disciples who were looking at the sky in shock after Jesus was covered by the clouds, "People of Galilee, why are you standing looking at the sky? Jesus will come back in the same way He ascended into heaven."

작가의 말

몇 해 전부터 일주일에 한 번씩 뉴욕 맨해튼에서 거리 전도를 하고 있습니다. 영혼들에 대한 빚진 마음으로 시작한 거리 전도는 제 삶에 있어 가장 큰 은혜의 자리가 되고 있습니다. 전 세계 다양한 민족과 언어가 공존하는 이 시대의 로마와 같은 곳인 뉴욕에서 여러 모습의 사람들을 만나면서 아버지의 마음을 조금 더 느끼게 되었고, 미국에 살면서도 영어로 소통하기 어려워하는 소외된 외국인들을 만나면서 그림으로 예수님을 전하고 싶은 마음이 계속 샘솟았습니다. 그러던 차에 탄자니아의 선교사님들로부터 어린이용 성경 동화책을 부탁받았습니다. 시작할 때에는 이 책이 어떤 모습이 될지 몰랐지만, 기도 가운데 열방의 영혼들을 만나면서 만들어진 이 이야기는 결국 예수님의 이야기만 담긴 책 《예수》가 되었습니다.

수년 전, 예수님을 전하는 책을 내고 싶다는 소망을 지인들과 처음 나누었던 생각이 납니다. 감히 이룰 수 있을까 생각했던 어렴풋한 꿈을 기억하시고 이루어 주신 하나님을 찬양하며 그분께 온전한 영광을 올려드립니다. 십자가를 통해 보이신 원수들까지도 품은 예수님의 큰 사랑과 부활하시고 성령님으로 함께하시며 우리가 세상에 빛을 비추며 살길 원하시는 예수님의 마음이 이 책을 읽는 모든 독자들에게 전달되기를 기도합니다.
특별히 모든 작업에 협력하며 기도로 동역해 준 이상은 작가님에게 깊이 감사드립니다.

배현석

작가 **배현석**은
뉴욕의 비주얼아트스쿨(School of Visual Art)에서 카툰과 일러스트레이션을 공부했고, 현재 A.T.S(Alliance Theological Seminary)에서 Mdiv 과정을 수학하며 북부 뉴저지의 티넥(Teaneck)에서 사랑하는 아내 민정과 아들 다니엘과 함께 살고 있습니다.

작가 **이상은**은
프랫인스티튜트(Pratt Institute)에서 드로잉을 전공하고, 지금은 캐나다의 옛 수도 킹스톤(Kingston)에서 하나님의 마음을 담은 동화책을 만들기 위해 열심히 공부하고 있습니다.

예수
Jesus
2014. 11. 6. 초판 1쇄 인쇄 2014. 11. 20. 1쇄 발행 **지은이** 배현석·이상은
펴낸이 정애주 곽현우 국효숙 김기민 김의연 김준표 김진성 박상신 박세정 박혜민 송승호 염보미 오민택 오형탁 윤진숙 임승철 정한나 조주영 차길환 한미영
펴낸곳 주식회사 홍성사 **등록번호** 제1-449호 1977. 8. 1. **주소** (121-885) 서울시 마포구 양화진4길 3 **전화** 02) 333-5161 **팩스** 02) 333-5165
홈페이지 www.hsbooks.com **이메일** hsbooks@hsbooks.com **트위터** twitter.com/hongsungsa **페이스북** facebook.com/hongsungsa
양화진책방 02) 333-5163
ISBN 978-89-365-1047-3 (77230)

홍성사.